COSAS ASQUEROSAS

COMIDA ASQUEROSA

Un libro de Las Ramas de Crabtree

Julie K. Lundgren
Traducción de Santiago Ochoa

Crabtree Publishing
crabtreebooks.com

Apoyos de la escuela a los hogares para cuidadores y maestros

Este libro de gran interés está diseñado con temas atractivos para motivar a los estudiantes, a la vez que fomenta la fluidez, el vocabulario y el interés por la lectura. Las siguientes son algunas preguntas y actividades que ayudarán al lector a desarrollar sus habilidades de comprensión.

Antes de leer:

- *¿De qué creo que trata este libro?*
- *¿Qué sé sobre este tema?*
- *¿Qué quiero aprender sobre este tema?*
- *¿Por qué estoy leyendo este libro?*

Durante la lectura:

- *Me pregunto por qué...*
- *Tengo curiosidad por saber...*
- *¿En qué se parece esto a algo que ya conozco?*
- *¿Qué he aprendido hasta ahora?*

Después de la lectura:

- *¿Qué intentaba enseñarme el autor?*
- *¿Qué detalles recuerdo?*
- *¿Cómo me han ayudado las fotografías y los pies de foto a comprender mejor el libro?*
- *Vuelvo a leer el libro y busco las palabras del vocabulario.*
- *¿Qué preguntas me quedan?*

Actividades de extensión:

- *¿Cuál fue tu parte favorita del libro? Escribe un párrafo al respecto.*
- *Haz un dibujo de lo que más te gustó del libro.*

ÍNDICE

ENCIENDE TUS PAPILAS GUSTATIVAS

Las personas alrededor del mundo comen todo tipo de alimentos cuando están hambrientas. Quizá algunos alimentos te hagan ir por un tenedor, mientras que otros podrían darte ganas de vomitar.

Las gelatinosas anguilas tienen un sabor fuerte y un aspecto dramático.

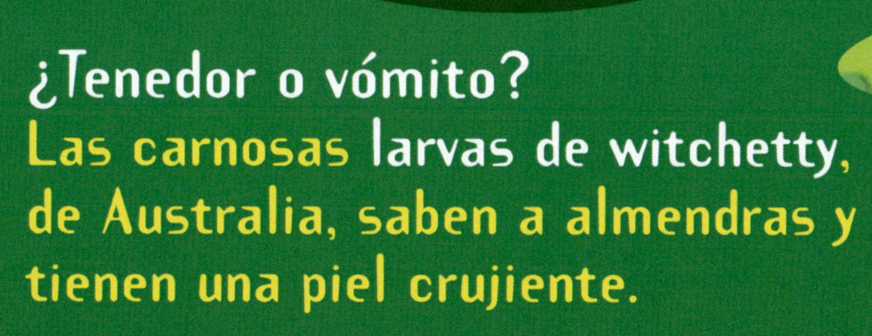

¿Tenedor o vómito?

Las carnosas larvas de witchetty, de Australia, saben a almendras y tienen una piel crujiente.

En el Museo de los alimentos desagradables, los visitantes exploran el propósito del asco, comen alimentos extraños y aprenden sobre cómo los alimentos y las culturas van de la mano. Cada visitante recibe una bolsa para vomitar junto con su boleto.

Mientras que el sentimiento de asco puede protegernos de comer algo que podría ser malo para nosotros, está bien abrir la mente y la boca a nuevos alimentos. ¡Aquí vamos!

El calamar bailarín se sirve vivo.

TRIPAS, CEREBROS Y PARTES DEL CUERPO

La gente práctica y sabia utiliza todas las partes del cuerpo de los animales. Los criadores de cerdos a veces dicen que utilizan todo menos el chillido.

La morcilla contiene sangre de cerdo, harina de avena y grasa de cerdo.

No soy un vampiro,
tú eres un vampiro
Una rica sopa de Polonia
contiene frutos secos, crema,
especias, un pato y su sangre

Nada como una crujiente fritura para que tu sándwich quede perfecto. ¿Te atreverías a comer una fritura hecha con cerebro de oveja? Un poco de limón lo mejora bastante.

El cerebro de oveja sabe un poco a huevos revueltos.

¿Tenedor o vómito?

El queso de cabeza no es un queso en absoluto. Es un pan de carne, lengua, grasa, **gelatina** y el caldo de una cabeza entera de cerdo, sin los sesos.

Quizá el cerebro no sea para ti. Los **intestinos** por otra parte se pueden limpiar y cocinar, comer picados, rellenarse con sal o con carne molida para hacer embutidos.

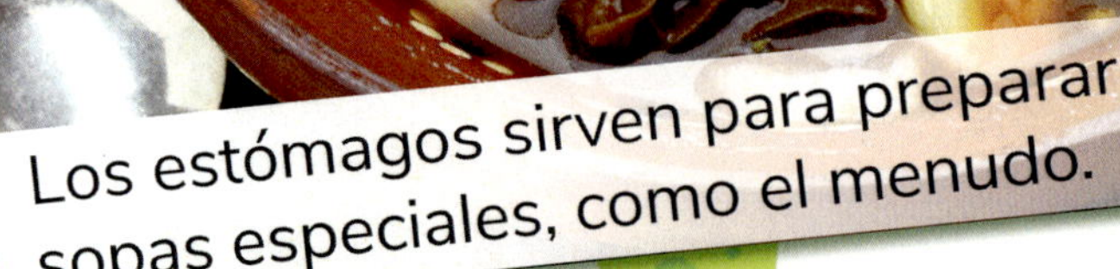

Los estómagos sirven para preparar sopas especiales, como el menudo.

¿Tenedor o vómito?

¿Tienes estómago para el haggis? Para prepararlo, rellena un estómago de oveja con corazón picado y especiado, pulmones, hígado, avena y grasa.

Estómago de vaca cocido.

Nada calienta más que un plato de sopa. Mientras la revuelves, un globo ocular entero flota a la superficie. Los ojos de pescado añaden sabor extra y una textura pegajosa.

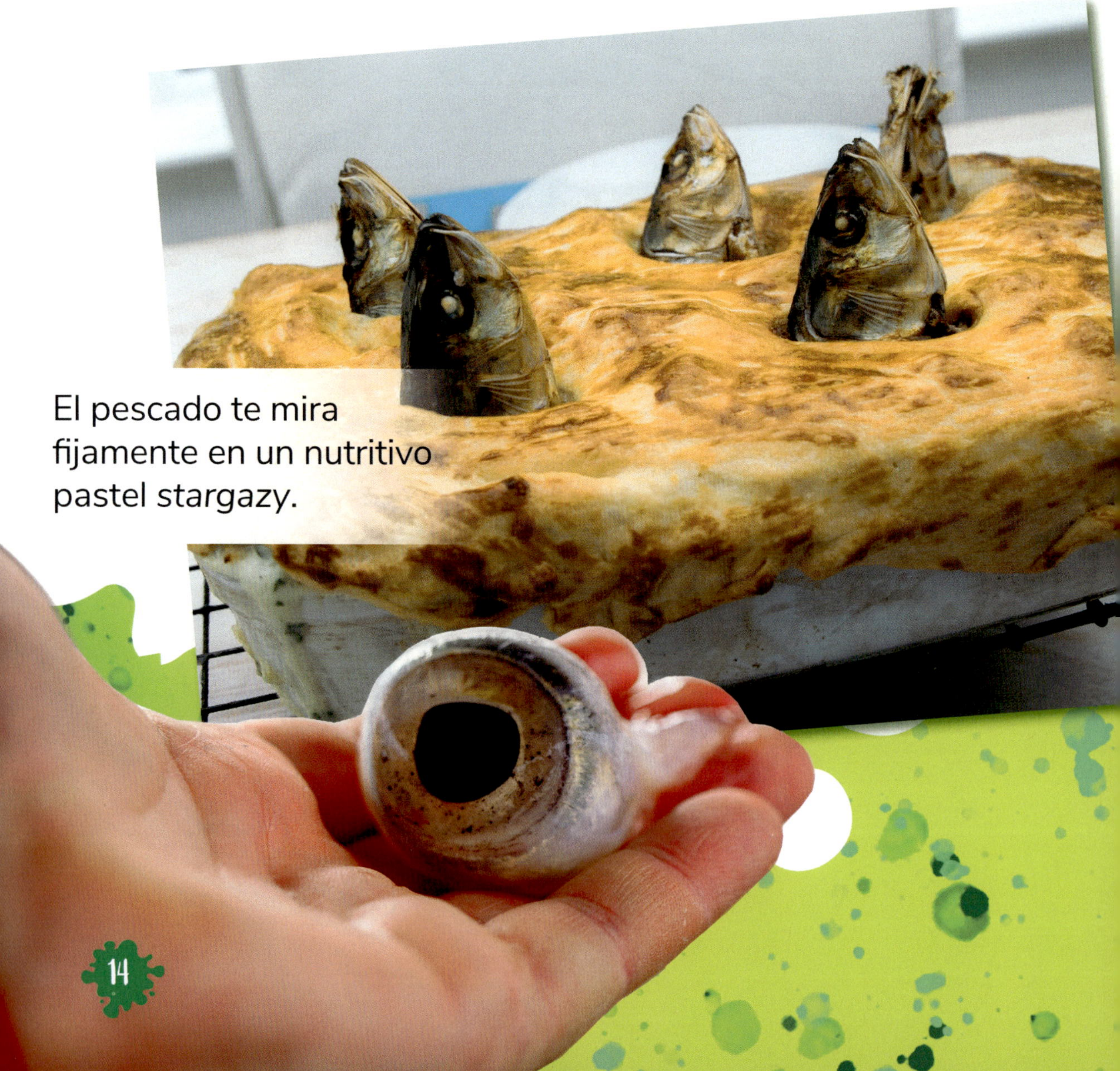

El pescado te mira fijamente en un nutritivo pastel *stargazy*.

¿Tenedor o vómito?

Imagina que en Vietnam te sirven un corazón palpitante de cobra.

¿ALGUIEN QUIERE DESAYUNAR?

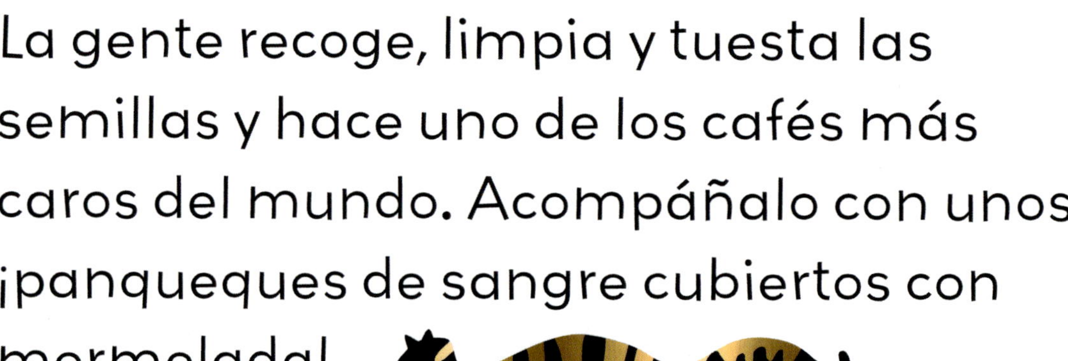

Para empezar el día, el café y los panqueques son ideales. Las **civetas de la palma** comen las cerezas del café y defecan las semillas. La gente recoge, limpia y tuesta las semillas y hace uno de los cafés más caros del mundo. Acompáñalo con unos ¡panqueques de sangre cubiertos con mermelada!

La regla de los cinco segundos no se aplica a los excrementos de civeta.

¿Un no rotundo a los panqueques de sangre? Cubre las tostadas con jalea de remolacha, Marmite o **caviar.** ¡Sirve con un huevo que tenga el ave y la yema adentro!

El caviar, o los huevos de pescado, estallan en tu boca.

¿Cómo te gustan los huevos?

Prueba esto

La Marmite es una pasta de levadura salada preparada con el sobrante de la cerveza.

DETÉN LA PUTREFACCIÓN

Durante miles de años, la gente ha conservado los alimentos en vinagre para evitar que se pudran. Los alimentos se sumergen en un **escabeche** preparado con sal, vinagre, agua y especias.

Los pepinos en escabeche saben muy bien en una hamburguesa, pero ¿qué tal unas patas de cerdo en escabeche?

Agridulce

Aromatiza tu próxima tanda de magdalenas con jugo de pepinillos, pepinillos picados y ¡betún de eneldo! Cubre con una rodaja de pepinillo para terminar tu divertido pero extraño bocadillo.

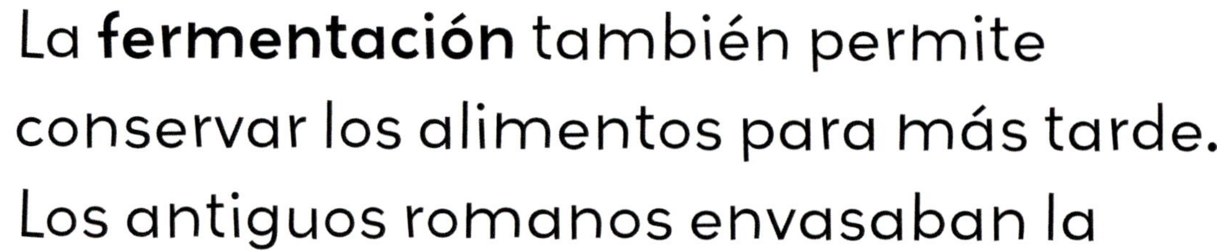

La **fermentación** también permite conservar los alimentos para más tarde. Los antiguos romanos envasaban la sangre, las tripas y las branquias del pescado en una olla al sol con mucha sal durante varios meses. La salsa de pescado fermentado hace un cambio con respecto a la salsa de tomate.

Hoy en día se sigue haciendo una versión de la salsa de pescado romana, ¡y los gatos lo agradecen!

Algunos países prohíben ciertos alimentos. Las **bacterias**, los ácaros y las larvas en algunos quesos pueden causar enfermedades graves. Debido a su hedor, la fruta del durián debería estar prohibida en el transporte público.

fruta del durián

Después de desenterrarlos y antes de comerlos, los tiburones son cortados y colgados.

No va en contra de la ley: Tiburón enterrado

En Islandia, la gente entierra un tiburón entero durante varios meses para deshacerse del terrible sabor a **amoníaco**. Luego lo cortan y lo secan.

Este raro queso está lleno de **larvas** de insectos.

BOTANAS Y POSTRES PARA VALIENTES

¿Todavía tienes hambre? ¡Te esperan dulces, botanas y postres especiales! ¿Comerías un helado hecho de grasa de reno y bayas?

¡La gente come grillos asados como si fueran palomitas de maíz!

Bocadillos de bichos

Prueba las hormigas y los grillos asados y bañados en chocolate. Lame una paleta que adentro contiene un insecto entero.

La comida está ligada a su país de procedencia, a las personas y a su necesidad de alimentarse. El hambre parece encontrar la manera de convertir cualquier recurso disponible en comida. ¿De qué tienes hambre?

El escorpión a la parrilla o la tarántula frita son bocadillos comunes en algunas partes del mundo.

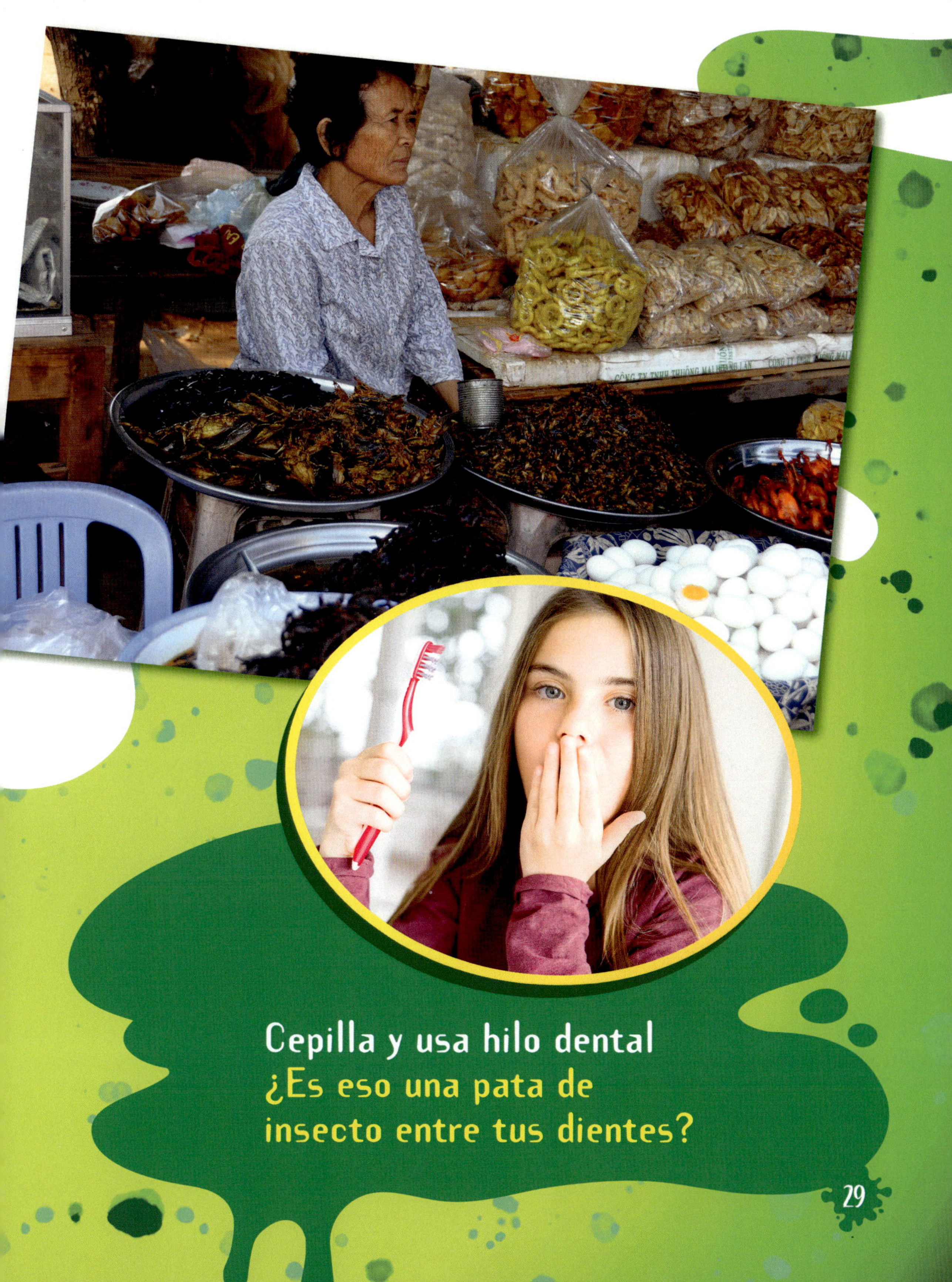

Cepilla y usa hilo dental

¿Es eso una pata de insecto entre tus dientes?

GLOSARIO

amoníaco: Un producto de desecho con un fuerte olor.

bacterias: Diminutos seres vivos que descomponen los alimentos y pueden causar enfermedades.

caviar: Las huevas encurtidas de ciertos pescados, como el salmón y el esturión.

civetas de la palma: Pequeños animales de los bosques de Asia, que son activos por la noche. Comen frutas, insectos y ratones.

escabeche: Líquido de sal y vinagre que se utiliza para encurtir alimentos.

fermentación: Proceso por el cual las bacterias y otros seres vivos diminutos descomponen los alimentos.

gelatina: Sustancia transparente hecha de piel, huesos, cuernos y pezuñas de animales.

intestinos: La parte del sistema digestivo, después del estómago, donde los nutrientes son absorbidos por el cuerpo.

larvas: La fase de desarrollo de los insectos entre el huevo y el adulto.

larvas de witchetty: Larvas de ciertas polillas en Australia.

ÍNDICE ANALÍTICO

SITIOS WEB (PÁGINAS EN INGLÉS):

https://disgustingfoodmuseum.com

www.tasteatlas.com

ACERCA DE LA AUTORA

Julie K. Lundgren

Julie K. Lundgren creció en la orilla norte del Lago Superior, un lugar con bosques, agua y aventura. Le encantan las abejas, las libélulas, los árboles viejos y la ciencia. Ella tiene un lugar especial en su corazón para los animales repugnantes pero geniales. Sus intereses la llevaron a obtener una licenciatura en Biología y una permanente curiosidad por los lugares salvajes.

Crabtree Publishing

crabtreebooks.com 800-387-7650

Produced by: Blue Door Education for Crabtree Publishing
Written by: Julie K. Lundgren
Designed by: Jennifer Dydyk
Edited by: Tracy Nelson Maurer
Proofreader: Crystal Sikkens
Translation to Spanish: Santiago Ochoa
Spanish-language layout and proofread: Base Tres

Hardcover	978-1-0396-1286-0
Paperback	978-1-0396-1292-1
Ebook (pdf)	978-1-0396-1298-3
Epub	978-1-0396-1304-1
Read-along	978-1-0396-1310-2
Audio book	978-1-0396-1316-4

Printed in Canada/102024/CP20241002

Library and Archives Canada Cataloguing in Publication

Title: Comida asquerosa / Julie K. Lundgren ; traducción de Santiago Ochoa.
Other titles: Gross and disgusting food. Spanish
Names: Lundgren, Julie K., author. | Ochoa, Santiago, translator.
Description: Series statement: Cosas asquerosas | Translation of: Gross and disgusting food. | Includes index. | "Un libro de las ramas de Crabtree". | Text in Spanish.
Identifiers: Canadiana (print) 2021028353X | Canadiana (ebook) 20210283548 | ISBN 9781039612860 (hardcover) | ISBN 9781039612921 (softcover) | ISBN 9781039612983 (HTML) | ISBN 9781039613041 (EPUB) | ISBN 9781039613102 (read-along ebook)
Subjects: LCSH: Food—Juvenile literature. | LCSH: Food—Miscellanea—Juvenile literature. | LCSH: Food habits—Juvenile literature. | LCSH: Food habits—Miscellanea—Juvenile literature.
Classification: LCC TX355 .L8618 2022 | DDC j641.3—dc23

Published in Canada
Crabtree Publishing
616 Welland Avenue
St. Catharines, Ontario
L2M 5V6

Published in the United States
Crabtree Publishing
347 Fifth Avenue
Suite 1402-145
New York, NY 10016

Photographs: Cover photo © Laura Dts, cover splat art on cover and throughout © SpicyTruffel, page 4 © Nicolas Primola, page 5 (top) © Gena Melendrez, (bottom) © Olga_Serova, page 6 (top) © Pong Wira, (bottom) © Alen thien, page 7 (top) © Brian Magnier, (bottom) © Rosa Jay, page 8 © Rob D the Baker, page 9 © SIMON SHIM, page 10 (top) © VetraKori, (bottom) © Agnieszka Bacal, page 11 © CPbackpacker, page 12 (top) © scubaluna, page 13 (bottom) © Liliya Butenko, page 14 and page 15 (top © Dr.MYM, page 15 (bottom) © Ondrej Michalek, page 16 © lanaid12, page 17 (top) © Maximillian cabinet, (bottom) © Don Mammoser, page 18 © Dan Tiego, page 19 © Jack PhotoWarp, page 20 © Richard Whitcombe, page 21 (top) © Milan Zygmunt, illustration © Sergey Mikhaylov, (bottom photo) © Ethan Daniels, page 22 photo © THE PICTURE RESEARCHER, slime illustration © Arcady, page 23 (top) photo © By KASIRA SUDA, illustration inside inset © Blue Door Education, SPLAT illustration © ByeByeSSTK, (bottom) photo © Nick Pecker, page 24 photo © Wandel Guides, illustration © ianlusung, page 25 © Lisa Hagan, opossum illustration © Bistraffic, poop illustration © Arcady, page 26 © Tobyphotos, page 27 (top) © Dan Olsen, (bottom) © Jason Patrick Ross, page 28 (top) © Avaniks, (center) © Be Shearer, (bottom) © Ton Bangkeaw. All images from Shutterstock.com except page12 parrotfish © Igor Cristino Silva Cruz (Wikipedia) https://creativecommons.org/licenses/by-sa/4.0/deed.en, page 13 Scientists photo courtesy of NOAA, page 29 © Wizen G, Gasith A https://creativecommons.org/licenses/by/3.0/deed.en

Library of Congress Cataloging-in-Publication Data

Names: Lundgren, Julie K., author. | Ochoa, Santiago, translator.
Title: Comida asquerosa / Julie K. Lundgren ; traducción de Santiago Ochoa.
Other titles: Gross and disgusting food. Spanish
Description: New York, NY : Crabtree Publishing Company, [2022] | Series: Cosas asquerosas - un libro de las ramas de Crabtree | Includes index.
Identifiers: LCCN 2021036956 (print) | LCCN 2021036957 (ebook) | ISBN 9781039612860 (hardcover) | ISBN 9781039612921 (paperback) | ISBN 9781039612983 (ebook) | ISBN 9781039613041 (epub) | ISBN 9781039613102
Subjects: LCSH: Ethnic food--Juvenile literature. | Food habits--Juvenile literature. | Aversion--Juvenile literature.
Classification: LCC TX355 .L9418 2022 (print) | LCC TX355 (ebook) | DDC 641.3--dc23
LC record available at https://lccn.loc.gov/2021036956
LC ebook record available at https://lccn.loc.gov/2021036957